Dominik Peiker

Parallelität der Evolution von Menschenbildern in der Pädagogik und BWL

GRIN Verlag

Bibliografische Information der Deutschen Nationalbibliothek:

Die Deutsche Bibliothek verzeichnet diese Publikation in der Deutschen National-
bibliografie; detaillierte bibliografische Daten sind im Internet über http://dnb.d-
nb.de/ abrufbar.

Impressum:

Copyright © 2013 GRIN Verlag GmbH
Druck und Bindung: Books on Demand GmbH, Norderstedt Germany
ISBN: 978-3-656-43745-1

Dieses Buch bei GRIN:

http://www.grin.com/de/e-book/214687/parallelitaet-der-evolution-von-menschen-
bildern-in-der-paedagogik-und-bwl

GRIN - Your knowledge has value

Der GRIN Verlag publiziert seit 1998 wissenschaftliche Arbeiten von Studenten, Hochschullehrern und anderen Akademikern als eBook und gedrucktes Buch. Die Verlagswebsite www.grin.com ist die ideale Plattform zur Veröffentlichung von Hausarbeiten, Abschlussarbeiten, wissenschaftlichen Aufsätzen, Dissertationen und Fachbüchern.

Besuchen Sie uns im Internet:

http://www.grin.com/

http://www.facebook.com/grincom

http://www.twitter.com/grin_com

Friedrich-Alexander-Universität Erlangen-Nürnberg

Institut für Pädagogik

BA-Modul Päd 2: Wahlpflichtbereich I: Pädagogische Grundlagen
Schriftliche Hausarbeit

Verfasser

Vor- und Zuname: Dominik Peiker
Fächer/ Semester: Pädagogik (1.FS)/ Ökonomie (3.FS)
Abgabe am: 02.04.2013

Semester: WS 2012/13
Seminar: Grundlagen der Bildungs- und Erziehungsphilosophie

Titel der Hausarbeit:
Parallelität der Evolution von Menschenbildern in der Pädagogik und BWL

Inhalt

1. Abschnitt A, Grundlagen der Erziehungs- und Bildungsphilosophie

1.1. Einleitung

Nach dem 2. Weltkrieg erwachsen die Vereinigten Staaten von Amerika zu einer Supermacht: politisch, wirtschaftlich und wissenschaftlich. Die Welt schaut begierig auf die Entwicklungen im Land der Freiheit und versucht vielversprechende Trends zu übernehmen. So scheint es kein Wunder zu sein, dass grundlegende Managementtheorien innerhalb der Betriebswirtschaftslehre der 1960er und 1970er ihren Ursprung vor allem im angloamerikanischen Raum haben. [1] Jeder dieser Managementtheorien wohnt ein eigenes Menschenbild mit einem sich daraus ergebenden Führungsstil inne. Doch wie jeder Theorie werden die inhaltlichen Erkenntnisse erst durch die subjektive Interpretation - den Faktor Mensch - belebt. Diese sind jedoch Produkte ihrer Zeit, der jeweiligen Bildung, der jeweiligen Umfelder – kurzum wir sind geprägt. [2]

„Der Begriff der Bildung verweist dabei zugleich auf Verbindungen der Allgemeinen Pädagogik und der ihr zuzurechnenden Bildungsphilosophie. Stellen diese doch Orte dar, in denen pädagogische Begrifflichkeiten, Wissensbestände und Überzeugungen – und damit auch immer die Vorstellungen von Bildung – eine Klärung erfahren sowie reflexiv und skeptisch beleuchtet werden." [3]

Diese Arbeit soll einen Beitrag dazu leisten, die in einzelnen Bildungsphilosophien innewohnenden Menschenbilder der 1910er bis 1960er in Managementtheorien der 1960er bis 1980er nachzuzeichnen und somit deren effektive Einflussnahme im Rahmen der Organisationspädagogik verstärkt in das Blickfeld akademischer Betrachtung zu rücken. Die Zeitdifferenz der beiden Theorieblöcke erkläre ich durch die Inkubationszeit, welcher die Bildungsphilosophie bedarf um effektiv innerhalb der Organisationspädagogik wirksam zu werden, da die empfangenden Jugendlichen erst zu leitenden Führungskräften heranwachsen müssen. Zur Beweisführung werde ich nach einer kurzen Vorstellung der von mir untersuchten Managementtheorien und Bildungsphilosophien die jeweiligen Kernaussagen und Menschenbilder gegenüberstellen. Weiterhin

---

[1] vgl. Gmür, Markus: Organisationstheorien. Entwicklungslinien – Systematik – Kritik, 1993, Zugriff am 27.03.2013 http://www.deposit.ddb.de/ep/netpub/97/58/13/981135897/_dara_dync/klim07a.html

[2] vgl. insbes. Göhlich, Michael/ Zirfas, Jörg: Lernen. Ein pädagogischer Grundbegriff, Stuttgart, 2007.

[3] Grochla, Nadine: Bildung – Qualität – Disziplin. Eine Studie im Feld von Allgemeiner Pädagogik, Empirischer Bildungsforschung und Religionspädagogik, Berlin, 2011, S. 69.

werde ich versuchen eine Entwicklungskette aufzuzeigen um die von mir angenomme-
ne Parallelität der beidseitigen Evolution zu bekräftigen.

1.2.   Beschreibung der untersuchten Bildungsphilosophien

1.2.1.   Behaviorismus

Basierend auf Arbeiten von z.B. Hermann Ebbinghaus[4] und Iwan Pawlow[5] benannte
John B. Watson[6] 1913 den Behaviorismus. Grundlegend erkennt diese Philosophie den
Lernprozess als naturwissenschaftlich untersuchbare und nachweisbare Reiz-
Reaktions-Kette. Besondere Aufmerksamkeit erhielt dabei das Experiment rund um
den neunmonatigen Albert, hinter dessen Rücken beim Anblick einer Ratte stets Eisen-
stangen zusammengeschlagen wurden, bis dass Albert bereits beim reinen Anblick der
Ratte zu schreien begann.[7] Gerade die Konditionierung, sprich die bewusste Kopplung
einer Reaktion an einen bestimmten Reiz, spielt innerhalb des Behaviorismus eine ent-
scheidende Rolle. Hierbei sind v.a. die vier Instrumentarien der Konditionierung zu
nennen: die positive Verstärkung (Gabe von Belohnungen), die negative Verstärkung
(Absetzung negativer Einflüsse), die Bestrafung (Addition negativer Einflüsse) sowie die
Löschung (keine Reaktion auf Handlungen jedweder Art).[8]

Das sich aus dem oben Beschriebenen ergebende Menschenbild lässt sich sehr gut mit
dem Adjektiv „mechanisch" beschreiben: Der Mensch wird, ähnlich einer Maschine, zu
einem Be- und Verarbeiter von Eingaben mit konkreten, bereits vorher intendierbaren
Ausgaben. Subjektivität, Individualität und persönliche Einflussnahme auf die eigene
Entwicklung werden nahezu ausgeblendet.

In dieser Arbeit beschränke ich mich im Rahmen meiner Betrachtung auf den „klassi-
schen Behaviorismus" und schließe alle Wiederbelebungen bzw. Fortführungen ab
Skinner[9] in den 1950ern aus.[10]

---

[4] Ebbinghaus, Hermann (*1850, †1909), deutscher Psychologe, Mitbegründer der Assoziationspsychologie
[5] Pawlow, Iwan (*1849, †1936), russischer Mediziner und Physiologe, Pawlowscher Hund
[6] Watson, John B. (*1878, †1958), amerikanischer Psychologe, Begründer Behaviorismus
[7] vgl. Göhlich/ Zirfas 2007, S. 19ff.
[8] vgl. ebd., S. 21.
[9] Skinner, Burrhus F. (*1904, †1990), amerikanischer Psychologe, prominentester Vertreter des Behaviorismus
[10] Meiner Ansicht nach befand sich das Gros der späteren Organisationstheoretiker, deren Erkenntnisse für diese
Arbeit relevant sind, zu diesem Zeitpunkt nicht mehr im Heranwachsendenalter.

1.2.2. Kognitivismus

Der Kognitivismus entstand als Gegenposition zum Behaviorismus und konzentriert sich deutlich stärker auf die Lernprozesse innerhalb eines Individuums. Die Prämisse eines externen und objektiv eindeutigen Wissensbestands bleibt dabei noch gegeben. Ebenso bleibt das Grundmodell des informationsverarbeiten des Hirnes bestehen, welches nun jedoch um die intern stattfindenden Prozesse erweitert wird: [11]

„Ein Lehrender teilt Informationen mit. Diese sind in einem Medium auf eine oder verschiedene Arten kodiert. Der Empfänger – hier der Lernende – dekodiert diese Information aufgrund ihm zur Verfügung stehender Informationen und seiner vorhandenen internen Schemata. Lernen wir hier als Wechselwirkung eines externen Angebots mit internen Strukturen verstanden. Lernprobleme lassen sich hier immer auf einen oder mehrere Punkte des Kommunikationsmodells zurückführen[.]"[12]

Innerhalb dieser Philosophie wird der Lerner zu einem selbstgesteuerten, entdeckenden Lernen motiviert, wobei der Lerner relevante Informationen selbst findet, bewertet und schlussendlich daraus eine Regel generiert. Man unterstellt ihm damit „ein zum Teil zielgerichtetes Handeln [...] und nicht mehr ein rein reaktives Verhalten."[13] Weiterhin beschäftigt sich der Kognitivismus mit der „Wahrnehmung [des Lernenden], Problemlösen durch Einsicht, Entscheidungsprozessen [...] und Verständnis. Bei all diesen Prozessen spielt das *Bewußtsein* [sic!] [...] eine zentrale Rolle."[14] Entscheidender ist jedoch das eigene Wissen um die Metakognition des Lernenden, im Speziellen um a) die eigene Person (z.B. Stärken, Schwächen), b) zu vollführende Aufgabentypen (z.B. Ablauforganisation) und c) kognitive Strategien (z.B. Mindmapping).[15]

Das sich daraus erschließende Menschenbild innerhalb des Kognitivismus ist das eines „selbstgesteuerte[n] Individuum[s], das äußere Reize aktiv und eigenständig verarbeitet und demnach nicht durch Umweltanreize von außen gesteuert werden kann."[16] Und weiterhin, dass „der Mensch in seiner Interaktion mit der Umwelt keinen passiven Informationsempfänger darstellt, sondern ein schöpferisch tätiges Objekt."[17]

---

[11] vgl. Riedl, Alfred: Grundlagen der Didaktik. Stuttgart, 2004, S. 43.
[12] a.o.O.
[13] Ewerth, Dieter: Handreichungen und Unterrichtsgestaltung mit der Lernsoftware Oeconimix für Lehrer. Hamburg, 2008, S. 10.
[14] Lefrancois, Guy R.: Psychologie des Lernens. Berlin/ Heidelberg/ New York, 2003, S. 95.
[15] vgl. Riedl 2004, S.44.
[16] Schießl, Michael: Evaluation von E-Learning-Systemen an berufsbildenden Schulen. Norderstedt, 2006, S. 28
[17] zit. n. a.o.O.

1.2.3. Konstruktivismus

„Aus Ernst von Glaserfelds[18] ‚Einführung in den radikalen Konstruktivismus' (1994) lässt sich die Geisteshaltung des Konstruktivismus auf ihre Ursprünge hin zurückverfolgen. Als erster ‚echter' Konstruktivist gilt dabei Giambattista Vico[19] im 18. Jahrhundert, dann Silvio Ceccato[20] und Jean Piaget[21]."[22] Innerhalb des Konstruktivismus wird dem Menschen der direkte Zugang zur Realität abgesprochen. D.h. dass jeder Mensch auf der einen Seite seine eigene Realität im Geiste durch die Kombination von Erleben, Erlebtem, Erfahrung, Wissen und Umwelt konstruiert und auf der anderen Seite nur Gegenstände in seinen Geist einlässt, welche zu seiner Realität passen.[23]

„Ein Individuum ist ein geschlossenes System, welches autopoietisch (selbstorganisiert) funktioniert, und perturbiert (gestört) werden kann, um eine Veränderung im System auszulösen. Neues Wissen muss integriert werden, in das bereits vorhandene Wissen, und viabel (gangbar) gemacht werden, um in dieses System zu passen (Schlüssel-Schloss-Prinzip). Viables Wissen entspricht einem Schlüssel, der aber nur eine Möglichkeit [...] ist, um ein Problem (Schloss) zu lösen."[24]

Für Bildungssituationen heißt dies nun konkret, dass neues Wissen erst im Geiste des Lernenden konstruiert, bzw. rekonstruiert werden muss. Das bedarf jedoch einer grundlegenden Öffnung des Lernenden gegenüber dem Lernstoff; der Lerner muss einen gewissen Grad an Eigenmotivation erbringen. Der Lehrende seinerseits kann ausschließlich über das Arrangement, die Präsentation des Lernstoffes sowie durch Motivation des Lernenden mit dem Lernprozess interagieren.[25] „Ob und wie das Wissen vom Lernenden aufgenommen wird, ist von seiner kognitiven Struktur abhängig[.]"[26]

Das konstruktivistische Menschenbildes ist ergo ein aktiver Mensch, welcher selbstbestimmt durch seine eigene Wahrnehmung seine Umwelt erfasst und durch komplexe Denkstrukturen „die" Realität dekonstruiert bis sie in seinem Geiste zu seiner wahrgenommenen Wirklichkeit neu zusammengefügt wird.

---

[18] Von Glaserfeld, Ernst (*1917, †2010), amerikanischer Philosoph, Begründer Konstruktivismus
[19] Vico, Giambattista (*1668, †1744), italienischer Philosoph
[20] Ceccato, Silvio (*1914, †1997), italienischer Philosoph
[21] Piaget, Jean (*1896, †1980), Schweizer Psychologe, herausragender Verfechter Konstruktivismus
[22] zit. n. Ebenhöh, Ursula: Zum Konstruktivismus in der Praxis der Erwachsenenbildung. Norderstedt, 2004, S. 4.
[23] vgl. a.o.O.
[24] zit. n. a.o.O.
[25] vgl. a.o.O.
[26] a.o.O.

1.3. Beschreibung von Menschenbildern innerhalb von ausgesuchten Managementtheorien

1.3.1. Theorie X nach Douglas McGregor

Die von Douglas McGregor[27] benannte Theorie X beschreibt das Menschenbild innerhalb von Unternehmen, welche den Organisationstheorien des Scientific Managements[28] bzw. der frühen Human-Relations-Bewegung[29] in den 1960er anhingen. In einem Zeitraum von 1954 bis 1960 untersuchte McGregor als Unternehmensberater den Werdegang von Managern und deren Führungsstile. Seine Ergebnisse veröffentlichte er 1960 in seinem Werk „The Human Side of Enterprise"[30]. Die zentralen Kernaussagen des von diesen Unternehmen angenommenen Menschenbildes können wie folgt zusammengefasst werden:

> „Der Durchschnittsmensch hat eine angeborene Abneigung gegen Arbeit und versucht ihr aus dem Weg zu gehen, wo er nur kann. Aufgrund dieser Abneigung gegenüber der Arbeit (Arbeitsunlust) muss der Mensch zumeist gezwungen, gelenkt, geführt und unter Androhung von Strafe bewegt werden, das vom Unternehmen gesetzte Soll zu erreichen. Der Durchschnittsmensch zieht es vor, an die Hand genommen zu werden, möchte sich vor Verantwortung drücken, besitzt verhältnismäßig wenig Ehrgeiz und ist vor allem auf Sicherheit ausgerichtet."[31]

Aus diesem Menschenbild ergibt sich ein sog. „vicious circle", ein Teufelskreis. Der Vorgesetzte kontrolliert aufgrund zu wenig Vertrauen ggü. dem Untergebenen. Dieser zeigt dadurch passives Verhalten, welches wiederrum zu wenig Initiative und Verantwortungsscheu führt. Dieser Umstand wiederum erzeugt im Vorgesetzten mangelndes Vertrauen.[32]

1.3.2. Theorie Y nach Douglas McGregor

Der Theorie X steht die von McGregor entworfene Theorie Y entgegen. Darin fordert er von den Unternehmen einen grundsätzlichen Wandel im Verständnis ihrer Mitarbeiter hin zu einem neuen Menschenbild. So sind seine Thesen:

---

[27] McGregor, Douglas (*1906, †1964), amerikanischer Psychologe, Begründer moderner Managementtheorien
[28] vgl. insbes. Taylor, Frederick W.: Scientific Management. New York/ London, 1947.
[29] vgl. insbes. Mayo, Elton: The Human Problems of an Industrial Civilization.New York, 1933.
[30] vgl. Insbes. McGregor, Douglas: The Human Side of Enterprise. New York/ Toronto/ London, 1960.
[31] Thommen, Jean-Paul/ Achleitner, Ann-Kristin: Allgemeine Betriebswirtschaftslehre. Umfassende Einführung aus managementorientierter Sicht, Wiesbaden, 2009, S. 741.
[32] vgl. ebd. S. 742.

„Die Verausgabung durch körperliche und geistige Anstrengung beim Arbeiten kann als ebenso natürlich gelten wie Spiel oder Ruhe. Von anderen überwacht und mit Strafe bedroht zu werden ist nicht das einzige Mittel, jemanden zu bewegen, sich für die Ziele des Unternehmens einzusetzen. Zu Gunsten von Zielen, denen er sich verpflichtet fühlt, wird sich der Mensch der Selbstdisziplin und Selbstkontrolle unterwerfen. Wie sehr er sich Zielen verpflichtet fühlt, ist eine Funktion der Belohnung, die mit dem Erreichen dieser Ziele verbunden sind. Der Durchschnittsmensch lernt, bei geeigneten Bedingungen Verantwortung nicht nur zu übernehmen, sondern sogar zu suchen. Die Anlage zu einem verhältnismäßig hohen Grad an Vorstellungskraft, Urteilsvermögen und Erfindungsgabe für die Lösung organisatorischer Probleme ist in der Bevölkerung weit verbreitet und nicht nur vereinzelt anzutreffen. Unter den Bedingungen des modernen industriellen Lebens ist das Vermögen an Verstandeskraft, über das der Durchschnittsmensch verfügt, nur zum Teil ausgenutzt."[33]

Diese beiden doch sehr unterschiedlichen Theorien wurden von vielen Zeitgenossen aufgrund ihrer gegenseitigen Ausschließung kritisiert, weshalb McGregor noch 1964 eine Theorie Z vorschlug, welche beide vereint. Da er jedoch noch im selben Jahr verstarb, konnte erst einer seiner Studenten 1981 die tatsächliche Konklusion vollführen.

1.3.3. Theorie Z nach William G. Ouchi

William G. Ouchi schlägt in seinem 1981 veröffentlichten Buch „Theory Z"[34] eine Verbindung der Theorien X und Y zu einer Theorie Z vor. Das von Ouchi vorgeschlagene Menschenbild ist geprägt durch das Streben nach Vertrauen von Mitarbeitern, die Vereinbarkeit von Vertrauen und Produktivität, den Willen von Mitarbeiter in die Organisation einbezogen zu werden und die Komplexität und Veränderlichkeit von menschlichen Beziehungen. Weiterhin empfiehlt er einen vorsichtig subtilen Umgang mit Menschen und Achtung ihrer komplexen Strukturen, da dies letztendlich auch zu Produktionssteigerungen führen würde.[35] Dies bedeutet letztendlich, das ein Mitarbeiter unter den richtigen Rahmenbedingungen gerne nach mehr Verantwortung und Eigeninitiative strebt; insbesondere wenn er in seiner Wirklichkeit wahrnimmt, dass er dem Vorgesetzen vertrauen kann und dieses Vertrauen auch von der Gegenseite entgegengebracht wird.

---

[33] ebd., S. 743.
[34] vgl. insbes. Ouchi, William: Theory Z. How American Business can meet the Japanese Challenge, New York, 1981.
[35] vgl. Pircher-Friedrich, Anna Maria: Mit Sinn zum nachhaltigen Erfolg. Anleitung zur werte- und wertorientierten Führung, Berlin, 2007, S. 75.

1.4. Parallelitäten der Evolution von Menschenbilder in Managementtheorien und Bildungsphilosophien

Die Evolution des Menschenverständnisses innerhalb der Bildungsphilosophie nimmt beginnend im Behaviorismus über den Kognitivismus hin zum Konstruktivismus eine zunehmende Individualisierung und Steigerung der Selbstverantwortlichkeit wie als auch Eigeninitiative. Wird der Lernprozess des Menschen bei Watson noch auf die „Black Box" reduziert, finden wir bereits beim Kognitivismus ein selbstgesteuertes Individuum, das schöpferisch tätig wird und spätestens beim Konstruktivismus ein absolut aktives und selbstbestimmtes Wesen, das seine Umwelt durch komplexe Wahrnehmung und Verarbeitung stets aufs neue bewertet und sich dadurch eine eigene Realität konstruiert. Eine ähnliche Evolution ist jedoch auch im Menschenverständnis der Managementtheorien zu erkennen: Wird noch innerhalb der Theorie X von einem reinen Produktionsfaktor gesprochen, welcher durch Strafe und Belohnung (siehe Behaviorismus) zum Arbeiten angeregt werden muss entwickelt sich der Mitarbeiter innerhalb der Theorie Y zu einem selbsttätigen Wesen, dass durch gegebene Freiheiten für das Unternehmen Mehrwerte schaffen kann (siehe Kognitivismus). Letztendlich finden wir dann innerhalb der Theorie Z eine ähnlich komplexe Idee eines Menschenbildes wie innerhalb des Konstruktivismus: Auch hier kann der Vorgesetzte wie der Lehrende „nur" ein anregendes Arrangement und Umfeld kreieren, sodass der Mitarbeiter bzw. Lerner sich einbringt, Eigeninitiative entwickeln kann und sich dadurch eine für alle Seiten gewinnbringende Wirklichkeit konstruieren kann.

1.5. Zusammenfassung Abschnitt 1

Es scheint als hätte sich innerhalb des letzten Jahrhunderts quer durch einzelne Disziplinen der Wissenschaft ein neues Menschenbild entwickelt. Die Tendenz, dass dabei kongruente Ideen angenommen bzw. entwickelt werden ist dieser Arbeit zu entnehmen. Ein tatsächlicher Beweis kann jedoch nur schwerlich geführt werden, da es hierzu einer viel tieferen Betrachtung bedarf, als der Rahmen dieser Arbeit bietet. Jedoch ist anzumerken, dass durchaus die Verknüpfung von Führungsstilen und deren basierenden Bildungsphilosophien einmal in einem größeren Umfang auch aus pädagogischer Sicht beleuchtet werden sollten, da, wie auch die Namensnennungen in dieser Arbeit zeigen, dieses Gebiet vor allem durch psychologische Gesichtspunkte geprägt ist.

2. Literaturverzeichnis

Online-Quellen

Gmür, Markus: Organisationstheorien. Entwicklungslinien – Systematik – Kritik, 1993, Zugriff am 27.03.2013
http://www.deposit.ddb.de/ep/netpub/97/58/13/981135897/_dara_dync/klim07a.html

Literarische Quellen

Ebenhöh, Ursula: Zum Konstruktivismus in der Praxis der Erwachsenenbildung. Norderstedt, 2004.

Ewerth, Dieter: Handreichungen und Unterrichtsgestaltung mit der Lernsoftware Oeconimix für Lehrer. Hamburg, 2008.

Grochla, Nadine: Bildung – Qualität – Disziplin. Eine Studie im Feld von Allgemeiner Pädagogik, Empirischer Bildungsforschung und Religionspädagogik, Berlin, 2011.

Lefrancois, Guy R.: Psychologie des Lernens. Berlin/ Heidelberg/ New York, 2003.

Pircher-Friedrich, Anna Maria: Mit Sinn zum nachhaltigen Erfolg. Anleitung zur werte- und wertorientierten Führung, Berlin, 2007.

Riedl, Alfred: Grundlagen der Didaktik. Stuttgart, 2004.

Schießl, Michael: Evaluation von E-Learning-Systemen an berufsbildenden Schulen. Norderstedt, 2006.

Göhlich, Michael/ Zirfas, Jörg: Lernen. Ein pädagogischer Grundbegriff, Stuttgart, 2007.

Thommen, Jean-Paul/ Achleitner, Ann-Kristin: Allgemeine Betriebswirtschaftslehre. Umfassende Einführung aus managementorientierter Sicht, Wiesbaden, 2009.